Dormi bene, piccolo lupo

おおかみくんも　ぐっすり　おやすみなさい

Un libro illustrato in due lingue

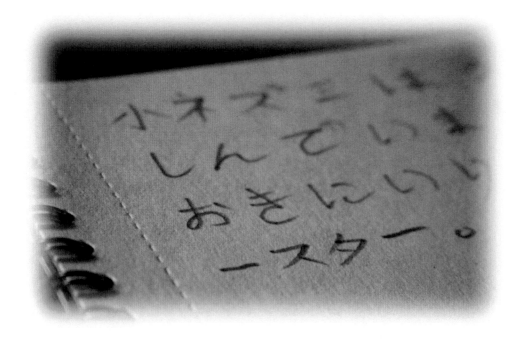

Nota per gli studenti di giapponese

Nel testo giapponese del libro usiamo solo Hiragana e Katakana. Nell'appendice troverete il testo completo utilizzando i caratteri Kanji, una trascrizione latina (Romaji) e una tabella di Hiragana e Katakana.

Buon divertimento con questa meravigliosa lingua!

Edizione Sefa

Ulrich Renz · Barbara Brinkmann

Dormi bene, piccolo lupo

おおかみくんも
ぐっすり　おやすみなさい

Traduzione:

Margherita Haase (italiano)

Mari Freise-Sato (giapponese)

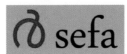

Scarica l'audiolibro a:

www.sefa-bilingual.com/mp3

Accesso gratuito con la password:

italiano: **LWIT1829**

giapponese: **LWJA1910**

Buona notte, Tim! Domani continuiamo a cercare.
Adesso però dormi bene!

ティム、きょうは もうねようね。

またあした、いっしょに さがそうね。　おやすみなさい。

Fuori è già buio.

そとは もう くらく なりました。

Ma cosa fa Tim?

でも ティムは なにを しているのでしょう？

Va al parco giochi.

Che cosa sta cercando?

ティムは、こうえんに でかけていきます。

なにを さがしに いくのでしょう？

Il piccolo lupo.

Senza di lui non riesce a dormire.

さがしていたのは、おおかみくんでした。

ティムは　おおかみくんが　いないと　ねむれません。

Ma chi sta arrivando?

あれ、こんどは　だれが　でてきたのでしょう？

Marie! Lei sta cercando la sua palla.

でてきたのは　マリーです。

マリーも　ボールを　さがしにきたのです。

E Tobi cosa cerca?

こんどは　トビーが　でてきました。

なにを　さがしているのでしょう？

La sua ruspa.

さがしていたのは、ショベルカーです。

E cosa cerca Nala?

ナーラも　なにかを　さがしに　やってきました。

なにを　さがしているのでしょう？

La sua bambola.

それは　おにんぎょうでした。

Ma i bambini non devono andare a letto?
Il gatto si meraviglia.

「みんな　おうちに　かえって、ねなくても　いいのかな。」
ねこさんは　とても　しんぱいに　なりました。

E adesso chi sta arrivando?

そして　また　やってきたのは．．．

La mamma e il papà di Tim.

Senza il loro Tim non riescono a dormire.

ティムの　ママと　パパです。

ママと　パパも　ティムが　いないと　　ねむれません。

Ed ecco che arrivano anche altri!

Il papà di Marie. Il nonno di Tobi. E la mamma di Nala.

そして　もっと　たくさんの　ひとが　やってきました。

マリーの　パパと、トビーの　おじいさんと、ナーラの　ママです。

Ma adesso svelti a letto!

さあ、はやく　かえって　いそいで　ねよう！

Buona notte, Tim!
Domani non dobbiamo più cercare.

おやすみ、ティム。　あしたは　もう　さがさなくても　いいんだよ。

Dormi bene, piccolo lupo!

おおかみくんも　ぐっすり　おやすみなさい。

Gli autori

Ulrich Renz è nato a Stoccarda nel 1960. Dopo aver studiato letteratura francese a Parigi, ha completato gli studi di medicina a Lubecca e ha lavorato come direttore in una casa editrice scientifica. Oggi Renz è un autore indipendente e scrive libri per bambini e ragazzi oltre a libri di saggistica.

Barbara Brinkmann è nata a Monaco di Baviera (Germania) nel 1969. Ha studiato architettura a Monaco e attualmente lavora alla facoltà di architettura dell'Università Tecnica di Monaco. Lavora anche come grafica, illustratrice e autrice.

ローマ字一覧表　ヘボン式
Rômaji Table (Hepburn System)

ひらがな　Hiragana

あ a	い i	う u	え e	お o			
か ka	き ki	く ku	け ke	こ ko	きゃ kya	きゅ kyu	きょ kyo
さ sa	し shi	す su	せ se	そ so	しゃ sha	しゅ shu	しょ sho
た ta	ち chi	つ tsu	て te	と to	ちゃ cha	ちゅ chu	ちょ cho
な na	に ni	ぬ nu	ね ne	の no	にゃ nya	にゅ nyu	にょ nyo
は ha	ひ hi	ふ fu	へ he	ほ ho	ひゃ hya	ひゅ hyu	ひょ hyo
ま ma	み mi	む mu	め me	も mo	みゃ mya	みゅ myu	みょ myo
や ya		ゆ yu		よ yo			
ら ra	り ri	る ru	れ re	ろ ro	りゃ rya	りゅ ryu	りょ ryo
わ wa				を o			
ん n							
が ga	ぎ gi	ぐ gu	げ ge	ご go	ぎゃ gya	ぎゅ gyu	ぎょ gyo
ざ za	じ ji	ず zu	ぜ ze	ぞ zo	じゃ ja	じゅ ju	じょ jo
だ da	ぢ ji	づ zu	で de	ど do			
ば ba	び bi	ぶ bu	べ be	ぼ bo	びゅ bya	びゅ byu	びょ byo
ぱ pa	ぴ pi	ぷ pu	ぺ pe	ぽ po	ぴゃ pya	ぴゅ pyu	ぴょ pyo

カタカナ Katakana

ア a	イ i	ウ u	エ e	オ o			
カ ka	キ ki	ク ku	ケ ke	コ ko	キャ kya	キュ kyu	キョ kyo
サ sa	シ shi	ス su	セ se	ソ so	シャ sha	シュ shu	ショ sho
タ ta	チ chi	ツ tsu	テ te	ト to	チャ cha	チュ chu	チョ cho
ナ na	ニ ni	ヌ nu	ネ ne	ノ no	ニャ nya	ニュ nyu	ニョ nyo
ハ ha	ヒ hi	フ fu	ヘ he	ホ ho	ヒャ hya	ヒュ hyu	ヒョ hyo
マ ma	ミ mi	ム mu	メ me	モ mo	ミャ mya	ミュ myu	ミョ myo
ヤ ya		ユ yu		ヨ yo			
ラ ra	リ ri	ル ru	レ re	ロ ro	リャ rya	リュ ryu	リョ ryo
ワ wa				ヲ o			
ン n							
ガ ga	ギ gi	グ gu	ゲ ge	ゴ go	ギャ gya	ギュ gyu	ギョ gyo
ザ za	ジ ji	ズ zu	ゼ ze	ゾ zo	ジャ ja	ジュ ju	ジョ jo
ダ da	ヂ ji	ヅ du	デ de	ド do			
バ ba	ビ bi	ブ bu	ベ be	ボ bo	ビャ bya	ビュ byu	ビョ byo
パ pa	ピ pi	プ pu	ペ pe	ポ po	ピャ pya	ピュ pyu	ピョ pyo

Here you find *Sleep Tight, Little Wolf* in a Kanji-enriched and a Romaji version.
The Romaji transcription uses a version of the Hepburn System.

おおかみくんのお話を、たくさん漢字を使ったテキストとローマ字の
テキストにしました。ローマ字は、ヘボン式で書きました。

おおかみくんも　ぐっすり　おやすみなさい
狼　　　　　くんも　ぐっすり　お休み　なさい
Ôkami　　kun　mo　gussuri　　oyasumi　nasai

ティム、きょうは もうねようね。またあした、いっしょに さがそうね。
ティム、今日　は もう寝ようね。また明日、　一緒　　に 探そう　ね。
Timu、　kyô　wa mô neyô ne。Mata ashita、issho　ni sagasô　ne。

おやすみ なさい。
お休み　なさい。
Oyasumi　nasai 。

そとは　もう くらく なりました。
外　は　もう 暗く　なりました。
Soto wa　mô　kuraku narimashita。

でも　ティムは　なにを しているのでしょう?
でも　ティムは　何　をしているのでしょう?
Demo timu　wa　nani o shite iru nodeshô ?

ティムは、こうえんに　でかけていきます。
ティムは、公園　　に　出掛けていきます。
Timu wa、kôen　ni　dekakete ikimasu。

なにをさがしに　いくのでしょう？
何を　探し　に　行くのでしょう？
Nani o sagashi ni　iku　nodeshô？

さがしていたのは、おおかみくんでした。
探して　いたのは、狼　　　くんでした。
Sagashite ita no wa、ôkami　kun deshita。

ティムは　おおかみくんが　いないと　ねむれません。
ティムは　狼　　　くんが　いないと　眠れません。
Timu wa　ôkami　kun ga　inai　to　nemuremasen。

あれ、こんどは　だれが　でてきたのでしょう？
あれ、今度　は　誰　が　出て来たのでしょう？
Are、　kondo wa　dare ga　dete kita nodeshô？

でてきたのは　マリーです。
出て来たのは　マリーです。
Dete kita　no wa marî　desu。

マリーも　ボールを　さがしにきたのです。
マリーも　ボールを　探し　に来たのです。
Marî mo　bôru o　sagashi ni kita　nodesu。

こんどは　トビーが　でてきました。
今度　は　トビーが　出て　来ました。
Kondo wa　tobî　ga　dete kimashita。

なにを　さがしているのでしょう？
何　を　探して　いるのでしょう？
Nani o　sagashite iru　nodeshô？

さがしていたのは、ショベルカーです。
探して　いたのは、ショベルカーです。
Sagashite ita　no wa、shoberukâ　desu。

ナーラも　なにかを　さがしに　やってきました。
ナーラも　何　かを　探し　に　遣ってきました。
Nâra　mo nani ka o　sagashi ni　yatte　kimashita。

なにを　さがして いるのでしょう？
何　を　探して　いるのでしょう？
Nani o　sagashite iru　nodeshô ?

それは　おにんぎょうでした。
それは　お人形　　　　でした。
Sore wa　o ningyô　deshita。

「みんな　おうちに　かえって、ねなくても　いいのかな。」
「みんな　お家　に　帰って、　寝なくても　良いのかな。」
「Minna　o uchi ni　kaette、　nenakute mo ii　no kana。」

ねこさんは　とても　しんぱいに　なりました。
猫　さんは　とても　心配　に　なりました。
Neko san wa　totemo　shinpai　ni　narimashita。

そして　また　やってきたのは...
そして　又　　遣ってきたのは...
Soshite　mata　yatte　kita no wa...

ティムの　ママ　とパパです。
ティムの　ママ　とパパです。
Timu　no　mama to papa desu。

ママと　パパも　ティムが　いないと　ねむれません。
ママと　パパも　ティムが　居ないと　眠れません。
Mama to papa mo timu ga inai to nemuremasen。

そして　もっと　たくさんの　ひとが　やってきました。
そして　もっと　沢山　の　人　が　遣ってきました。
Soshite motto takusan no hito ga yatte kimashita。

マリーの　パパと、トビーの　おじいさんと、ナーラの　ママ です。
マリーの　パパと、トビーの　お爺　さんと、ナーラの　ママ です。
Marî no papa to、tobî no ojii san to、nâra no mama desu。

さあ、はやく　かえって　いそいで　ねよう！
さあ、早く　帰って　急いで　寝よう！
Sâ、hayaku kaette isoide neyô！

おやすみ、ティム。
お休み、　ティム。
Oyasumi、timu。

あしたは　もう　さがさなくても　いいんだよ。
明日　は　もう　探さなくて　も　良いんだよ。
Ashita wa mô sagasanakute mo iinda yo。

おおかみくんも　ぐっすり　おやすみなさい。
狼　くんも　ぐっすり　お休み　なさい。
Ôkami kun mo gussuri oyasumi nasai。

Ti piace disegnare?

Qui puoi trovare tutte le immagini della storia da colorare:

www.sefa-bilingual.com/coloring

Divertiti!

Il piccolo lupo raccomanda anche:

I cigni selvatici

Tratto da una fiaba di Hans Christian Andersen

▶ Per bambini dai 4-5 anni in su

„I cigni selvatici" di Hans Christian Andersen è, per ottime ragioni, una delle fiabe più popolari al mondo. In una forma senza tempo, tratta i temi del dramma umano: paura, coraggio, amore, tradimento, separazione e ricongiungimento.

Disponibile nelle vostre lingue?

▶ Consultate il nostro „Assistente di lingue":

www.sefa-bilingual.com/languages

Il mio più bel sogno

► Per bambini dai 3-4 anni in su

Lulù non riesce ad addormentarsi. Tutti gli altri stanno già sognando – lo squalo, l'elefante, il topolino, il drago, il canguro, il cavaliere, la scimmia, il pilota. E il leoncino. Anche all'orso stanno crollando gli occhi …

Ehi orso, mi porti con te nel tuo sogno?

Così inizia per Lulù un viaggio che la porta nei sogni dei suoi pupazzi – e alla fine nel suo più bel sogno.

Disponibile nelle vostre lingue?

► Consultate il nostro „Assistente di lingue":

www.sefa-bilingual.com/languages

© 2019 by Sefa Verlag Kirsten Bödeker, Lübeck, Germany
www.sefa-verlag.de

IT: Paul Bödeker, München, Germany
Font: Noto Sans

All rights reserved. No part of this book may be reproduced without the written consent of the publisher.

ISBN: 9783739910123

Version: 20190101

Made in the USA
Middletown, DE
08 April 2022

63843955R00024